jamais de répondre à ses provocations, et dont les scandales sont un sujet de profonde tristesse pour le clergé comme pour tous les bons citoyens.

Les vrais intérêts de l'Église, aussi bien que ceux de la paix publique, réclament impérieusement que l'on mette un terme à ces excès. Un gouvernement fondé sur la volonté nationale ne craint pas la discussion, mais il doit savoir protéger efficacement, contre ceux qui voudraient les ébranler ou les compromettre, l'ordre public, l'indépendance de l'État, l'autorité et la dignité de la religion.

C'est dans ce but que je propose à Votre Majesté d'appliquer au journal l'*Univers* l'article 32 du décret du 17 février 1852, et de prononcer la suppression de cette feuille périodique. Les doctrines et les prétentions que ce journal voudrait ressusciter parmi nous ne sont pas nouvelles ; la vieille monarchie française les a toujours énergiquement combattues ; de grands évêques l'ont parfois puissamment secondée dans cette lutte. Votre Majesté ne se montrera pas moins soucieuse que ses devanciers de faire respecter les principes consacrés par nos traditions nationales.

Je suis avec un profond respect, Sire, etc.,

Le ministre de l'intérieur,

BILLAULT.

Décret.

Napoléon, etc.,

Sur la proposition de notre ministre de l'intérieur;

Vu l'art. 32 du décret organique du 17 février 1852,

Avons décrété et décrétons ce qui suit :

Art. 1er. Le journal l'*Univers* est supprimé.

Art. 2. Notre ministre de l'intérieur est chargé de l'exécution du présent décret, qui sera inséré au *Bulletin des Lois*.

Fait au Palais des Tuileries, le 29 janvier 1850.

NAPOLÉON.

L'OCÉAN.

6 février 1860.

Nous, préfet du Finistère,

Vu l'article 32 du décret organique sur la presse du 17 février 1852 ;

Vu l'article inséré dans le journal l'*Océan*, du 6 février courant, commençant par ces mots : « On écrit de Rome, » et finissant par ceux-ci : « Causer la ruine de plusieurs ; »

Vu la lettre de S. Exc. le ministre de l'intérieur, datée du 11 de ce mois, approbative du présent avertissement ;

Considérant que ledit article blesse profondément le

sentiment national, en appelant sur la France le retour des malheurs qui l'ont frappée à l'époque la plus funeste de son histoire,

Arrêtons :

Art. 1er. Un premier avertissement est donné au journal *l'Océan* de Brest, dans le personne de M. V.-A., Waille, signataire de l'article, et de M. Singery, gérant du journal.

Art. 2. M. le sous-préfet de Brest est chargé de l'exécution du présent arrêté.

Fait à Quimper, le 14 février 1860.

Pour le préfet du Finistère en congé :

Le secrétaire général délégué,

H. FALRET DE TUITE.

LA PRESSE.

10 février 1860.

Nous, ministre de l'intérieur,

Vu l'article 32 du décret organique sur la presse du 17 février 1852 ;

Vu l'article publié par le journal la ***Presse***, dans son numéro du 10 février 1860, commençant par ces mots : « Les préoccupations grandissent, etc., » et sous la signature A. Peyrat ;

Considérant que cet article où les fausses nouvelles se trouvent mêlées aux appréciations les plus malveillantes, blesse à la fois le sentiment national et la vérité des faits,

Arrêtons :

Art. 1er. Un premier avertissement est donné au journal la *Presse*, dans la personne de M. A. Peyrat, signataire de l'article, et de M. H. Rouy, l'un des gérants du journal.

Art. 2. Le préfet de police est chargé de l'exécution du présent arrêté.

Paris, le 11 février 1860.

Le ministre de l'intérieur,

BILLAUT.

LA BRETAGNE.

11 février 1860.

Rapport à l'Empereur.

Sire, le journal la *Bretagne*, publié à Saint-Brieuc, expose dans son numéro du samedi 11 février que, au moment où, suivant ce journal, le revirement inexplicable qui vient de s'opérer dans les hautes régions du pouvoir jetait l'alarme et la consternation dans tous les cœurs catholiques, plusieurs députés, des plus sincèrement dévoués jusqu'ici à la dynastie et à la politique impériales, se seraient rassemblés spontanément à Paris des points les plus éloignés de la France, et se seraient concertés entre eux sur les moyens de faire parvenir la vérité jusqu'au pied du trône.

Comme résultat de ce concert, le journal donne sous forme d'adresse signée par trois membres du Corps législatif une sorte de protestation contre la politique suivie par votre gouvernement dans la question romaine. Ce document se termine par ces mots : « C'est pour vous, Sire, c'est pour votre dynastie que nous déplorons l'incertitude qui règne en ce moment, et qui, en se prolongeant, séparerait de vous tous les catholiques sincères.»

Le journal ajoute : « La seule réponse qu'aient reçue les signataires de cette adresse a été la suppression de l'*Univers;* leur incertitude a cessé. »

Je ne vous propose pas, Sire, d'examiner jusqu'à quel point cette séparation qu'on proclame s'accorde avec le serment de fidélité à l'Empereur que prêtent les membres du Corps législatif. Votre Majesté peut en tout cas tenir pour certain que si les populations, au nom desquelles parlent ces trois députés, étaient consultées, ce serait d'eux et non de l'Empereur qu'elles se sépareraient...; mais je n'appelle aujourd'hui votre attention que sur le journal qui a donné à cette manifestation le concours de sa publicité.

Dans une question où vos intentions et vos actes sont si violemment méconnus et calomniés par l'esprit de parti; où l'on s'obstine à oublier tout ce que vous avez fait depuis dix ans pour protéger la religion en France et à Rome; où, confondant à dessein le spirituel avec le temporel, le dogme avec la politique, on présente aux yeux des simples les plus sages conseils comme une spoliation, la plus infatigable bienveillance comme de l'hypocrisie, la longanimité que montre votre gouvernement contre tant d'attaques injustes et passionnées doit avoir une limite. Il est impossible de tolérer qu'au sein de ces populations bretonnes, à la fois si pieuses et si dévouées à l'Empereur, on sème ouvertement et comme officiellement des divisions intestines, on essaye d'abuser leur foi, et de leur présenter comme ennemi du temporel du saint-père, et presque du saint-père lui-même, le prince qui lui a rendu Rome et ne cesse de l'y protéger.

Le journal qui entreprend une telle œuvre se place sous le coup des dispositions du décret du 17 février 1852; je demande à Votre Majesté qu'il lui en soit fait application.

Je suis avec un profend respect, Sire, etc.,

Le ministre de l'intérieur,

BILLAULT.

Décret.

Napoléon, etc.

Sur la proposition de notre ministre de l'intérieur;

Vù l'art. 32 du décret organique du 17 février 1852,

Avons décrété et décrétons ce qui suit :

Art. 1er. Le journal la *Bretagne* est supprimé.

Art. 2. Notre ministre secrétaire d'État au département de l'intérieur est chargé de l'exécution du présent décret, qui sera inséré au *Bulletin des lois.*

Fait au palais des Tuileries, le 15 février 1860.

NAPOLÉON.

LA GAZETTE DE FRANCE.

12 février 1860.

Nous, ministre de l'intérieur,

Vu l'art. 32 du décret organique sur la presse du 17 février 1852;

Vu le premier avertissement donné à la *Gazette de France* le 11 janvier 1860 ;

Vu l'article publié par cette feuille dans son numéro du 12 février, commençant par ces mots : « M. Granier de Cassagnac, » et finissant par ceux-ci : « A document, document et demi, » sous la signature Paul de Lourdoueix ;

Considérant que cet article, en travestissant l'histoire, calomnie le grand acte par lequel l'empereur Napoléon Ier a rétabli en France le culte catholique,

Arrêtons :

Art. 1er. Un deuxième avertissement est donné au journal la *Gazette de France*, dans la personne de M. P. de Lourdoueix, signataire de l'article précité, et de M. Aubry-Foucault, gérant du journal.

Art. 2. Le préfet de police est chargé de l'exécution du présent arrêté.

Fait à Paris, le 13 février 1860.

Le ministre de l'intérieur,

BILLAULT.

L'OCÉAN.

13 février 1860.

Nous, préfet du Finistère,

Vu l'art. 32 du décret organique sur la presse du 17 février 1852 ;

Vu le premier avertissement donné au journal l'*Océan*, de Brest, sous la date du 14 février courant ;

Considérant que ladite feuille a reproduit, en grande partie, dans son numéro du 13 février, l'article qui a motivé la suppression du journal la *Bretagne ;*

Vu la dépêche de Son Excellence le ministre de l'intérieur, du 16 de ce mois, approbative d'un deuxième avertissement,

Arrêtons :

Art. 1er. Un deuxième avertissement est donné au journal l'*Océan*, de Brest, dans la personne de M. V. Waille, rédacteur en chef, et de M. Singery, gérant du journal.

Art. 2. M. le sous-préfet de Brest est chargé de l'exécution du présent arrêté.

Fait à Quimper, le 19 février 1860.

Le préfet du Finistère,

CH. RICHARD.

LE SIÈCLE.

9 mars 1860.

Nous, ministre de l'intérieur,

Vu l'article 32 du décret organique sur la presse du 17 février 1852 ;

Vu, dans le journal le *Siècle* du 9 mars 1860, l'article intitulé : *Examen critique de la religion chrétienne, Rénovation religieuse*, signé Louis Jourdan, ledit article rendant compte de deux ouvrages publiés à Bruxelles par M. Larroque, ancien recteur de l'Académie de Lyon ;

Vu notamment les passages de cet article ainsi conçus : « Dans les deux ouvrages qu'il publie simultanément, et dont l'un est la conséquence de l'autre, il (M. Larroque) entreprend de démontrer l'impuissance actuelle, les contradictions, les erreurs, les puérilités des doctrines judaïque et chrétienne...

» Le vieil esprit religieux se retire des sociétés européennes; tous les clergés sans exception sont en pleine décadence morale...

» Jetez un coup d'œil sur l'islamisme, sur le catholicisme, sur le protestantisme, et vous serez frappé du vide immense dans lequel s'agitent les clergés de ces trois grandes formes religieuses du passé...

» Pour l'observateur attentif, il n'est pas douteux que les clergés actuellement existants sont occupés à se suicider. Il ne faut pas seulement les laisser faire, il faut les aider à accomplir la tâche providentielle qu'ils s'imposent...

» C'est ce genre de concours que M. P. Larroque vient prêter aux divers clergés chrétiens...

» Il prend un à un les textes les plus importants, les dogmes principaux, et il en démontre la vanité...

» Il aborde directement l'enseignement chrétien et examine les dogmes fondamentaux...

» Il n'est pas un seul des points discutés par M. Larroque qui résiste à cet examen...

» L'arrêt de la justice qui a rendu ce livre à la circulation témoigne d'un progrès considérable qui s'est accompli. Jusqu'ici... on pouvait bien critiquer certains abus, certaines exagérations, et notamment celles dont le parti ultramontain se fait l'écho, mais on devait s'arrêter là. L'ouvrage de M. Larroque... aura ce mérite d'avoir rétabli l'équilibre et inauguré l'ère de la libre discussion ; »

Vu le réquisitoire de M. le procureur impérial près le Tribunal de première instance de la Seine, en date du 11 janvier 1860, portant (en ce qui concerne les ouvrages susdits publiés par M. Larroque) :

« Attendu que les ouvrages incriminés paraissent bien contenir dans leur ensemble un outrage envers les religions dont l'établissement est légalement reconnu; mais attendu, en ce qui concerne Larroque, qu'il n'est pas suffisamment établi qu'il ait participé d'une manière directe à la publication desdits ouvrages en France; vu d'ailleurs le consentement que cet inculpé a donné à la destruction des exemplaires saisis, requiert qu'il plaise à M. le juge d'instruction de prononcer qu'il n'y a lieu à poursuivre; »

Vu l'ordonnance de non-lieu, en date du 12 janvier 1860, par laquelle M. le juge d'instruction, « attendu que, eu égard aux circonstances de la cause, le fait de publication en France n'apparaît pas suffisamment, qu'il n'y a pas lieu dès lors d'examiner si les ouvrages incriminés contiennent les délits relevés, déclare n'y avoir lieu à poursuivre; »

Considérant que les attaques contenues dans l'article susvisé contre les principes fondamentaux du christianisme sont plus coupables encore, propagées par la voie de la presse périodique, que lorsqu'elles se produisent dans des ouvrages qui, par leur forme et leur nature, ne s'adressent qu'à un nombre très-limité de lecteurs,

Arrêtons :

Art. 1er. Un premier avertissement est donné au journal le *Siècle*, dans la personne de M. Sougère, l'un des gérants responsables, et de M. Louis Jourdan, signataire de l'article.

Art. 2. Le préfet de police est chargé de l'exécution du présent arrêté.

Paris, le 10 mars 1860.

Le ministre de l'intérieur,

BILLAULT.

L'ALGÉRIE NOUVELLE.

Mars 1860.

Rapport à l'Empereur.

Sire, je viens demander à Votre Majesté de vouloir bien, par application de l'article 32 du décret organique du 17 février 1852, ordonner la suppression du journal publié à Alger sous le titre de l'*Algérie nouvelle*.

Méconnaître tous les services rendus ; répandre contre l'armée des attaques aussi injustes que violentes ; chercher à jeter entre elle et les fonctionnaires de l'ordre civil les excitations d'une rivalité qu'heureusement le bon sens et le dévouement surent toujours repousser ; faire naître dans l'esprit des colons la méfiance qui produit le découragement; représenter l'état de la colonie sous un aspect qui devait en éloigner ceux qui pourraient y vouloir porter leur industrie, leurs capitaux; exposer le pays à d'incessantes agitations par une polémique menaçante pour bien des intérêts, et peut-être paralyser ainsi les efforts du gouvernement, telle semble être la tâche que l'*Algérie nouvelle* s'est imposée. Et je pourrais pourtant ajouter encore que ce journal ne suffisait pas aux passions des hommes qui le dirigeaient, car ils voulurent recourir à d'autres modes de publicité pour outrager, sans exception, tous les fonctionnaires les plus élevés, et descendre, dans une autre publication, aux plus grossières et aux plus mensongères allusions contre les dépositaires du pouvoir dans la colonie.

Ni la longanimité de l'administration, qui entendait laisser à la discussion de ses actes la plus entière liberté, ni ses avis officieux, n'avaient pu prévenir ces excès; ses avertissements, ainsi que ceux de la justice, n'ont pu les faire cesser.

Ces excès, Sire, qui déjà avaient amené de déplorables scènes dans la ville d'Alger, ont de nouveau menacé d'avoir des conséquences qu'il a fallu toute la fermeté de l'autorité pour empêcher de dégénérer en véritable trouble apporté à l'ordre public.

En France, de semblables écarts ne sauraient être tolérés; encore moins le peuvent-ils être dans cette colonie nouvelle qui, pour grandir et profiter des bienfaits que votre sollicitude ne cesse de répandre sur elle, a besoin du travail, qui ne peut exister sans la confiance et le calme.

J'ai donc la conviction, Sire, de donner satisfaction à tous les hommes sincèrement attachés à la prospérité de l'Algérie, à tous ceux qui veulent réellement le progrès de ses institutions civiles, et qui ont accueilli avec tant de gratitude tout ce que l'Empereur a fait dans cet intérêt, lorsque je viens demander à Votre Majesté d'approuver le décret qui prononce la suppression du journal l'*Algérie nouvelle*.

Je suis, etc.

Le ministre de l'Algérie et des colonies,

Comte DE CHASSELOUP-LAUBAT.

Décret.

Napoléon, etc.,

Sur la proposition de notre ministre de l'Algérie et des colonies;

Vu l'article 32 du décret organique du 17 février 1852,

Avons décrété et décrétons ce qui suit :

Art. 1er. Le journal l'*Algérie nouvelle* est supprimé.

Art. 2. Notre ministre secrétaire d'État au département de l'Algérie et des colonies est chargé de l'exécution du présent décret, qui sera inséré au *Bulletin des Lois.*

NAPOLÉON.

L'AMI DE LA RELIGION.

2 avril 1860.

Nous, ministre de l'intérieur,

Vu l'article 32 du décret organique sur la presse du 17 février 1852;

Vu le premier avertissement donné au journal l'*Ami de la Religion*, à la date du 30 octobre 1859;

Vu l'article publié par cette feuille dans son numéro du 2 avril 1860, commençant par ces mots : « En consignant cette note..., » et finissant par ceux-ci : « Aux droits inaliénables de la liberté, » sous la signature A. Sisson, dans lequel, à propos de la loi organique du 18 germinal an x, il est dit que « la désuétude a frappé un certain nombre des dispositions de cette loi...;

» Qu'un grand nombre des articles organiques ne sont point en harmonie avec ce principe fondamental de droit public (la liberté des cultes)...; que la loi organique du Concordat n'a jamais été acceptée dans le for de l'Église; que, sans lui contester le caractère légal dans l'ordre civil, il faut se rappeler que le saint-siége et l'épiscopat français n'ont négligé aucune occasion de protester contre l'intrusion dans le domaine spirituel que cette loi arroge à la puissance civile... ; »

Considérant que cet article contient une attaque formelle contre la loi organique qui, en promulguant le Concordat et en rétablissant l'exercice du culte catholique en France, a réglé les rapports de l'Église et de l'État,

Arrêtons :

Art. 1er. Un deuxième avertissement est donné au journal l'*Ami de la Religion*, dans la personne de M. l'abbé Sisson, signataire de l'article susvisé et directeur gérant du journal.

Art. 2. Le préfet de police est chargé de l'exécution du présent arrêté.

Fait à Paris, le 2 avril 1860.

Le ministre de l'intérieur,

BILLAULT.

LA PRESSE.

13 mai 1860.

Nous, ministre de l'intérieur,

Vu l'art. 32 du décret organique sur la presse du 17 février 1852 ;

Vu le premier avertissement donné au journal la *Presse*, à la date du 11 février 1860 ;

Vu l'article publié par cette feuille, dans son numéro du 13 courant, sous la signature de M. Félix Solar ;

Considérant qu'en présentant la France comme complice de la coalition étrangère qui a renversé le premier Empire, cet article a, dans un but facile à comprendre, calomnié le pays et blessé le sentiment national,

Arrêtons :

Art. 1er. Un deuxième avertissement est donné au journal la *Presse*, dans la personne de M. Mahias, rédacteur responsable, et de M. Félix Solar, signataire de l'article susvisé.

Art. 2. Le préfet de police est chargé de l'exécution du pésent arrêté.

Paris, le 15 mai 1860.

Le ministre de l'intérieur,

BILLAULT.

FIN

TABLE DES MATIERES.

FIN DE LA TABLE DES MATIÈRES.

Paris. — Imprimerie de Wittersheim, 8, rue Montmorency.

PARIS, le 1

Doit M	F.	C.	F.

CHEZ LES MÊMES ÉDITEURS.

BIBLIOTHÈQUE CONTEMPORAINE

GRAND IN-18 A 3 FR. LE VOL.

J. AUTRAN vol.
Laboureurs et Soldats. . 1
La Vie rurale 1
Poèmes de la mer. 1

J. BARTHELEMY ST-HILAIRE
Lettres sur l'Égypte. . . 1

L. BAUDENS
La Guerre de Crimée, les Campements, les Abris, les Ambulances, les Hôpitaux, etc. 1

La PRINCESSE de BELGIOJOSO
Scènes de la vie turque . 1
Nouv. scèn. de la vie turque 1

HECTOR BERLIOZ
Les Soirées de l'orchestre 1

DE STENDHAL (H. BEYLE)
De l'Amour, seule édit. complète. 1
Promenades dans Rome. 2
La Chartreuse de Parme. 1
Le Rouge et le Noir. . . 1
Romans et Nouvelles . . . 1
Hist. de la peinture en Italie 1
Vie de Rossini. 1
Racine et Shakspeare. . . 1
Mémoires d'un Touriste . 2
Vies de Haydn, de Mozart 1
Rome, Naples et Florence. 1
Correspondance inédite. . 2
Chroniques italiennes . . 1
Nouvelles inédites 1
Nouvelles et Mélanges. . 1

H. BLAZE DE BURY
Écriv. et Poèt. de l'Allemag. 1
Souvenirs et Récits des Campagnes d'Autriche. . 1
Épis. de l'Hist. du Hanovre. 1
Intermèdes et Poèmes. . . 1
Les Amies de Goethe . . . 1

A. BRIZEUX
Œuvres complètes. . . . 2

LE PRINCE A. DE BROGLIE
Étud. moral. et littéraires. 1

CUVILLIER-FLEURY
Portraits politiques et révolutionnaires (2e éd.) 2
Études histor. et littérair. 2
Nouvelles études historiques et littéraires. . . 1
Dernières études historiques et littéraires. . . 2

LE COMTE D'HAUSSONVILLE
Histoire de la politique extérieure du gouvernement français, 1830-1848. 2
Histoire de la réunion de la Lorraine a la France. 4

ALPHONSE ESQUIROS
La Néerlande et la Vie hollandaise. 2

FEUILLET DE CONCHES
Léopold Robert, sa vie, ses œuvres et sa correspondance. Nouv. édit. 1

LE PRINCE DE LA MOSKOWA
Souvenirs et Récits. . . . 1

EUGENE FORCADE
Études historiques 1
Histoire des causes de la guerre d'Orient. 1

OCTAVE FEUILLET vol.
Scènes et Proverbes . . . 1
Scènes et Comédies. . . . 1
Bellah 1
La petite comtesse . . . 1
Le Roman d'un jeune homme pauvre. 1

EUGENE FROMENTIN
Une Année dans le Sahel. 1
Un Été dans le Sahara. . 1

LÉOPOLD DE GAILLARD
Questions italiennes. . . . 1

GREGOROVIUS
Traduction de F. Sabatier.
Les Tombeaux des Papes romains, avec introd. de J.-J. Ampère 1

F. HALEVY
Souvenirs et Portraits. . 1

HENRI HEINE
De l'Allemagne. 2
Lutèce, lettres sur la vie sociale en France 1
Poèmes et Légendes. . . . 1
Reisebilder, tableaux de voyage. 2
De la France. 1

ARSENE HOUSSAYE
Mademoiselle Mariani. . . 1

JULES JANIN
Histoire de la littérature dramatique. 6
Les Contes du Chalet. . . 1
Barnave. 1

ALPHONSE KARR
Lettres écrites de mon jard. 1
Le Roi des iles Canaries. . 1
En fumant. 1
De loin. 1
Sur la plage. 1

LAMARTINE
Toussaint Louverture. . . 1
Geneviève, 3e édition. . . 1
Les Confidences, nouv. éd. 1
Nouv. Confidences, 2e éd. 1

VICTOR DE LAPRADE
Idylles héroïques. 1
Poemes évangéliques. . . . 1
Psyché, Odes et Poemes. . 1

ANTOINE DE LATOUR
Études sur l'Espagne. . . 2
La Baie de Cadix. 1
Tolède et les Bords du Tage. 1

CH. LAVOLLÉE
La Chine contemporaine. . 1

JOHN LEMOINNE
Etud. crit. et biographiq. 1

HECTOR MALOT
Les Victimes d'amour. . . 1

COMTE DE MARCELLUS
Chants popul. de la Grèce 1

CH. DE MAZADE
L'Espagne moderne 1
L'Italie moderne. 1

PROSPER MÉRIMÉE
Nouvelles, Carmen, etc. 1
Épisode de l'hist. de Russie 1
Les deux héritages. . . . 1
Études sur l'hist. romaine 1
Mélang. hist. et littérair. 1

F. PONSARD vol.
Théatre complet, 2e édit. 1
Etudes antiques. 1

D. NISARD
Études sur la Renaissance. 1
Souvenirs de voyage . . . 1
Etudes de crit. littéraire. 1
Étud. d'Hist. et de Littérat. 1

CHARLES NISARD
Mémoires et Correspondances historiques et littéraires (inédits, 1726 à 1816). 1

THÉODORE PAVIE
Scènes et Récits des pays d'outre-mer. 1
Récits de Terre et de Mer. 1

A. PEYRAT
Histoire et Religion. . . 1

GUSTAVE PLANCHE
Portraits d'artistes. . . . 2
Etud. sur l'école française. 2
Etudes sur les arts. . . . 1
Etudes littéraires. 1

A. DE PONTMARTIN
Causeries littéraires. . . 3
Causeries du samedi. . . . 3

LOUIS RATISBONNE
L'Enfer du Dante, traduction en vers, texte en regard. 2
Le Purgatoire, traduction en vers, texte en regard. 2
Le Paradis, traduction en vers, texte en regard 2
Impressions littéraires. . 1

PAUL DE REMUSAT
Les Sciences naturelles, études sur leur histoire et sur leurs plus récents progrès. 1

JULES SANDEAU
Catherine. 1
Nouvelles. 1
Un Héritage. 1
La Maison de Penarvan. . 1

ST-RENÉ TAILLANDIER
Allemagne et Russie. . . . 1
Hist. et Philos. religieuse. 1
Étud. de Littérat. étrang. 1

A. THIERS
Histoire de Law. 1

E. DE VALBEZEN
(Le Major Fridolin)
Récits d'hier et d'aujourd'hui 1

SAMUEL VINCENT
Du Protestantisme en France, nouv. édit. avec une introduction de M. Prévost-Paradol. 1

L. VITET
La Ligue. 2
Le Louvre. 1
L'anc. Académ. de peinture. 1

***
Les Horizons prochains. . 1
Les Horizons célestes . . 1

***
Robert Emmet. 1

Paris. — Imprimerie de A. Wittersheim, rue Montmorency, 8.

www.ingramcontent.com/pod-product-compliance
Lightning Source LLC
LaVergne TN
LVHW010258230826
846091LV00007B/3041